Laura Marx

Mini-Christmas

Kleine Dekoideen für die Weihnachtszeit

BLOOM's

Vorwort

Wenn es draußen stürmt und schneit, das Haus von Tannenduft und Kerzenschein erfüllt ist und wir unsere Lieben um uns scharen – dann ist sie wieder da, die Weihnachtszeit! Eine Zeit, in der wir uns auf das Wesentliche besinnen und das Besondere im Kleinen entdecken. In diesem Sinne präsentiert das vorliegende Buch jede Menge Dekorations- und Geschenkideen im XXS-Format, die dennoch ganz groß rauskommen und Familie und Freunden garantiert ein Lächeln ins Gesicht zaubern! So lässt sich auch der kleinste Raum ganz unkompliziert festlich schmücken, und das sogar mit persönlichem Touch. Schließlich sind alle Gestaltungen zum Selbermachen – wie's geht, sehen Sie auf den folgenden Seiten. Ich wünsche Ihnen viel Spaß beim Entdecken, Basteln, Dekorieren und natürlich fröhliche Weihnachten!

Laura Marx

Inhalt

Das Geheimnis der Weihnacht besteht darin, dass wir auf unserer Suche nach dem Großen und Außerordentlichen auf das Unscheinbare und Kleine hingewiesen werden.

Unbekannt

Winter-
wunderland

Wie die kleinen Flöckchen bei des Windes Weh'n
hell im weißen Röckchen durcheinander dreh'n!
Wechseltänze schlingen sie auf luft'gem Plan;
in verworr'nen Ringen krümmt sich ihre Bahn.

Adolf Bube (1802-1873)

Leuchtendes Highlight. Inmitten der mit Kunstschnee und grünen Äpfeln geschmückten Schale sorgt ein mit Mistelzweigen umwickeltes Windlicht für gemütliche Stimmung.

Schleierkraut und Orchideen erinnern in den steckschaum-gefüllten Glaswürfeln an zarte Flocken, Acrylsterne an Eiskristalle. Ein geweißter Ast wird jeweils mittig mithilfe von Draht fixiert.

Umfunktioniert! Bestückt mit Moos, Mistelzweigen und Äpfeln, wird Omas Suppenschale zum Blickfang auf dem Tisch. Ein Löffel samt Kerze rundet das Arrangement ab.

Let it snow

Süße Weihnacht. Zucker im hohen Glas gibt der schmalen Kerze und dem Tortenheber, in welchem die Flamme sich raffiniert spiegelt, Halt. Zum Schluss einen Mistelzweig anknoten.

Ice !

Blühende Platzkarte. Im Sektkelch wird nicht nur eine schneeweiße Tulpe in Szene gesetzt. Eine Gabel samt Namensschildchen zeigt dem jeweiligen Gast, wo er sitzt, eine Praline im Goldpapier dient als verführerischer Willkommensgruß.

Geschliffene Kristalle, die auf die silbrige Drahtspirale gefädelt wurden, erzeugen schimmernde Lichtspiele. Noch ein Hauch Kunstschnee und ein paar Kiefernnadeln dazu – und die weiße Kerze kommt ganz winterlich daher!

Porzellananhänger mit sternförmiger Öffnung in neuer Funktion: Auf wassergefüllte Gläser gelegt, geben sie Alpenveilchenblüten und Wacholderzweigen Standfestigkeit.

Eisiges Windlicht: Das Kelch-glas samt hellblauer Kerze wird einfach mithilfe von Bouillondraht mit Kiefern-nadeln umwickelt. Zusätzlich einzelne Glitzersterne mit Heißkleber befestigen.

CREATIVE

Für die „Eiskugeln" einfach aufge-blasene Luftballons zu zwei Dritteln mit flüssigem, lauwarmem Wachs bestreichen und nach dem Trocknen zum Platzen bringen.

Zauberhafte Lichteffekte entstehen, wenn sich die Kerzenflammen in kleinen Kristallen brechen. Diese werden an Silberdraht gehängt, der um die Teelichter geschlungen ist.

Zum Werfen viel zu schade: Im Dekoschneeball versteckt sich ein Glasröhrchen, das die Orchideenblüte frischhält. Eine tolle winterliche Dekoration für festliche Tafeln.

Kühler Silberglanz und warmer Kerzenschein: Weihnachtsbaumkerzen auf dem Rand einer Wachsschale umringen die Christrose. Eine mit Bouillondraht und kleinen Floralien umwickelte Steckschaumkugel birgt das wassergefüllte Glasröhrchen für die Blüte.

Eine Weihnachtskugel ohne Aufhänger dient der Blüte und dem
Wacholderzweig als Väschen.
Damit sie nicht wegkullert, wird
sie einfach auf ein drahtum-
wickeltes Mooskissen geklebt.

Auf Engelsschwingen wird das
festliche Lichtlein durch die Welt
getragen – und landet auf der
heimischen Tafel! Der künstliche
Schneeball besteht aus Watte
und sorgt für festen Halt.

Das schmucke Teelicht wird von einem mit
Koniferengrün umwickelten Drahtkränzchen
eingerahmt. Anschließend lassen sich die
Perlennadeln einstecken. Kunstschnee in
der Schale verhilft zu Stand.

Ein weißer Keramikschlitten bietet Platz für
Amazonaslilien und Flamingoblume in Christbaum-
kugeln ohne Aufhänger sowie für Schneebeeren,
Wacholder, Stacheldrahtpflanze und
Zedernzapfen in Steckschaum.

Zapfenzeit

O schöne, herrliche Weihnachtszeit,
was bringst du Lust und Fröhlichkeit!
Wenn der heilige Christ in jedem Haus
teilt seine lieben Gaben aus.

August Heinrich Hoffmann von Fallersleben (1798-1874)

Mit kleinen Filzpuscheln, einer Silberdrahtumwicklung und einem glitzernden Glaskristall wird dieser Kiefernzapfen festlich herausgeputzt. Ein Minikränzchen verleiht Stand.

Große Exemplare werden mit wenigen Handgriffen zum natürlich-edlen Accessoire. Dafür werden sie oben angebohrt und die Kerzenhalter eingesteckt. Heißkleber fixiert.

FESTLICH VERZAPFT!

Bei dieser Parade können Sie auf Ihren Fundus zurückgreifen. Ein Zapfenmix, verschiedene Töpfchen, Moospolster und Bänderreste verwandeln jeden Tisch in eine individuell geschmückte Tafel.

Unter Glas: Ein Teppich aus Moos und eine nostalgische Cloche garantieren dieser Naturschönheit einen großen Auftritt, der von Teelichtern beleuchtet wird.

Halbiert, auf Stäbe gesteckt und mit Mützchen aus Draht versehen, sind die verholzten Früchte der Seiden- oder Weymouth-Kiefer besonders fröhliche Hingucker.

Der Serviettenschmuck erinnert noch lange an die schönen Stunden des gemeinsamen Tafelns. Dazu einfach eine Kugel an einem halbierten Exemplar befestigen und mit Band auf die Serviette knoten.

fixe Idee

Verziert mit einem Zapfen, der mit farbigem Draht am Glas fixiert wird, verströmt die Duftkerze nicht nur ein angenehmes Aroma, sondern macht auch optisch was her!

22

Umwickelt mit einer Lichterkette, erstrahlt der imposante Fruchtstand einer Zucker-Kiefer in stimmungsvollem Glanz. Im schlichten, hohen Gefäß kommt er perfekt zur Geltung.

DAS FLAIR DES WALDES

Zapfenstreich! Nüsse, Hagebutten, Moos und goldene Spiegelbeeren verleihen dem Schmuckstück mit glitzerndem Bouillondraht natürlich-schöne Akzente.

Für eine Tafel mit waldigem Charme werden Tischkarten aus Astscheiben, Moos und Zapfen gebastelt. Ein kleiner Stern thront auf der Spitze.

Rustikal trifft fein: Urige Weymouth-Kiefernzapfen rahmen eine kleine Vase ein, in der eine zarte Christrose blüht. Samtband und eine edle Christbaumkugel machen's weihnachtlich.

Lustige Gesellen sind mithilfe floraler Zipfelmützen, zum Beispiel aus Kiefern- nadeln, Blättern oder Kokosfasern mit Draht und Zieräpfeln, im Handumdrehen selbst gebastelt.

Blitz-Tipp: Sind sie erst mal geräuschvoll aufgesprungen, lassen sich die Pinienzapfen wunderbar mit Mistelblättern, Hagebutten oder gebleichten Minizapfen spicken.

Eingerahmt: Ein grünes Kränzchen ist mithilfe von Draht schnell gewickelt und je um einen Zapfen gehängt. Mit Mini-Strohsternen und rot-goldenem Band wird's festlich.

Dekoratives Duett: Kleine, angedrahtete Erlen- umschwirren größere Pinien- zapfen. Die Gefäße hüllen sich in Moos und Buchsbaumlaub, welche mit Schmuckdraht aufgewickelt werden.

So einfach und doch so wirkungsvoll: Zu originellen Tischkarten werden Zapfen, zum Beispiel von der Pinie, wenn sie an goldenem Draht die Namen der Gäste tragen.

NATÜRLICHE FUNDSTÜCKE

Dieses Exemplar ziert mit einem zarten Schweif die Serviette. Dazu wird ein Holzstab in den unten aufgebohrten Zapfen gesteckt und mithilfe von Draht Engelshaar aufgewickelt. Ein Goldblatt macht´s komplett.

Im leuchtenden Pot(t)pourri werden verschiedene Formen munter kombiniert! Zusammen mit Amaryllis, Kiefern- und Beerenzweigen, unbelaubten Tannenästen, bunten Kerzen und Filzbändern entsteht ein harmonisches Gesamtbild für Tisch oder Fensterbank.

Pop-Art goes X-Mas: Die ausrangierte Konservendose bekommt mit Sprühlack, buntem Draht, Filz und Glitter ein neues Gesicht und mit dem Pinienzapfen eine neue Füllung.

Aufgetischt

Kinder, kommt und ratet,
was im Ofen bratet!
Hört, wie's knallt und zischt.
Bald wird er aufgetischt,
der Zipfel, der Zapfel,
der Kipfel, der Kapfel,
der gelbrote Apfel.

Bayerisches Volksgut

Ein glänzend roter Apfel ist die Basis für dieses Tisch-kärtchen. In ihm steckt ein Stück Aluminiumdraht, an dem die durchbohrte und mit Namen beschriftete Holz-scheibe befestigt ist.

So sind die edlen Leinenser-vietten schnell weihnachtlich geschmückt: Je zwei Löcher in die Astscheiben bohren, Filz-band hindurchziehen und bun-ten Kunststoffstern aufkleben.

PAULA

Bon Appetit! Eingesteckte Kiefernnadeln machen aus der simplen Glaskugel ein kleines Designobjekt. Wer möchte, kann zusätzlich auch ein Namensschild anbringen.

Für die Wachsfüße der Reagenzgläser kleine Schalen mit Vaseline einreiben. Dann Wachs eingießen und Wasserröhrchen oder Früchte in das noch weiche Material drücken. Festhalten, bis dieses vollständig erkaltet ist.

Blütenstapel: Mit Heißkleber werden Astscheiben versetzt aufeinander geklebt und je ein Reagenzglas darauf fixiert. Die filzumwickelten Minivasen halten einzelne Christrosen.

Besonders taktvoll werden Servietten herausgeputzt, indem sie mit geflammten Notenkopien und Draht umwickelt werden. Abschließend einfach Eukalyptus und Anhänger einstecken.

Festliche Symphonie aus Amazonaslilien, Eukalyptus und Kiefernnadeln! Im mit Notenpapier umwickelten Glas bekommen die Floralien mit Sand und Wasser einen sicheren Stand.

WINTERWEISSE DINNERPARTY

Keine passende Vase zur Hand? Stoffummantelte Flaschen gelangen mit angehängten Bündeln aus Mistelzweigen, Spitzen- und Glitzerband zu neuen Ehren.

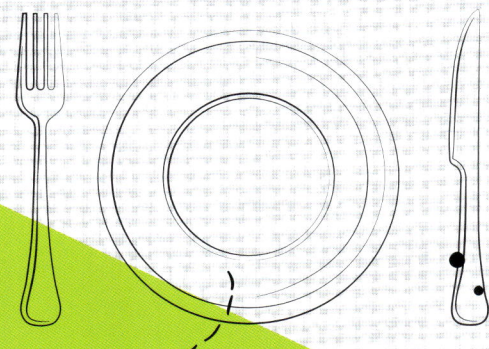

Ein Alpenveilchen wird auf zurechtgeschnittenem Tonpapier in glänzendem Gold zum Stargast der feierlich gedeckten Tafel. Das gestempelte Schildchen dient als Platzanweiser.

Ton in Ton. Eine Papierbanderole mit Schlagmetall greift die goldene Farbe des Geschirrs wieder auf – die Eukalyptusfruchtstände die graue Farbe der gerissenen Leinenmanschetten.

Sternemenü für Ihre Gäste: Die raffiniert gefaltete, weinrote Serviette bildet einen gelungenen Rahmen für die imposante Chrysantheme. Nicht nur ein originelles Tischkärtchen, sondern gleichzeitig auch ein tolles Give-away!

Metallisch schimmernde Cnristbaumkugeln
ohne Aufhänger sind elegante Vasen für
einzelne Blüten, zum Beispiel verschiedener
Chrysanthemen. Kleine Schälchen verhindern,
dass sie wegkullern.

Schnell gemachte Tischkarte:
Einfach einen Streifen Tonpapier beschriften und mit
Filzband um die Serviette
wickeln. Eine Christrose im
Glasröhrchen und ein Stern
bringen weihnachtliches Flair.

Einen himmlischen Willkommensgruß
kreieren Sie mit feinem, in Engelsform
gebrachtem Silberdraht und flauschigen
Federn als Flügeln. Das Haupt hält
außerdem ein Schildchen mit dem
Namen des Gastes.

Simple Eyecatcher. Zwischen gemütlich leuchtenden Kerzen reichen schon einzelne Christrosenblüten und ein paar Beeren in Minifläschchen, um eine besinnliche Stimmung zu erzeugen.

Moospolster nehmen abwechselnd
Christrosenblüten und vergoldete
Fruchtstände oder Kerzen auf.
Steckschaum hält die Blumen frisch.

Im zarten Glasgefäß mit Perlenschmuck setzen
dicht an dicht gearbeitete Kiefernnadeln nicht
nur grüne Akzente, sondern geben auch einge-
steckten Christrosen in Wasserröhrchen Halt.

Zusätzlich zur matt schillernden Glaskugel sorgt ein versilbertes Eukalyptusblättchen für Glanz auf dem Tisch. Zusammen mit dem Namensschild aus Pergament wird es oben angebunden.

FESTLICHE TAFELFREUDEN

Aufgetischt! Mit Engelshaar oder Olivenlaub ummantelt, werden Steckschaumkegel zu weihnachtlichen Bäumchen oder Blumenvasen.

Ho, ho, ho

Ihr Kinder, stellt die Schuh' hinaus,
denn heute kommt der Nikolaus;
und wart ihr immer gut und brav,
dann lohnt's euch Nikolaus im Schlaf.

Unbekannt

Einfach mal abhängen! Der stilisierte Heilige aus Filz macht es sich auf einem Bügel bequem, der mit Koniferengrün umwickelt wurde. In an Draht aufgehängten Reagenzgläsern blühen winterliche Christrosen.

Für eine tradtionelle Feuerzangenbowle unerlässlich, begeistern Zuckerhüte mit typischer roter Kopfbedeckung sowie geweißten Zweigen und Kugeln jetzt nicht nur geschmacklich, sondern auch optisch!

Prächtige Päckchen bewachen die Wichtel aus Pinienzapfen, die sich mit Filzbärten und -nasen sowie Mützchen aus passendem Geschenkpapier in Schale geworfen haben.

Sie bringen gemütliches Licht auf die Tafel und sind auch nette Give-aways. Und damit es keine qualmenden Socken gibt, werden die Stiefelchen mit Sand gefüllt und gut beobachtet!

Sogar in Form der Serviette hat der Nikolaus seine Spur hinterlassen. Sie wird zur Mütze gefaltet, mit einem weißen Wattebommel, Kiefernzweig und Stern versehen.

Passend zum Anlass schmückt auch der stolze Hirsch sich mit rotem Filz. Die „Wiese" aus Kiefernnadeln wird mit doppelseitigem Klebeband außen am Glas befestigt.

Mit locker gewickelter, roter Kordel samt klingenden Glöckchen werden geweißten Zapfen im Nu innovative Zipfelmützen verpasst. Heißkleber hilft bei der Fixierung.

Gut behütet! Ilexblätter und
-beeren in XXS-Tontöpfen
lugen frech aus den kleinen
Fenstern heraus, die ganz
unkompliziert mit der Schere
aus den Filzmützen heraus-
geschnitten werden.

Appetitliche Tischgesellen. Äpfel und
Orangen sind die Basis für die kleinen
Nikoläuse mit winterlicher Kopfbedeckung und Kiefernadelmänteln,
die auf langen Holzspießen stecken.

Statt als Kopfschmuck, dienen
rot-weiße Mützen den Alpenveilchen
als willkommenes Quartier für die
Adventszeit. Verpackt man die
Kulturtöpfe zuvor in wasserdichter
Folie, bleibt alles trocken.

Stiefel im Strick-Look bekommen Halt, indem Fuß und Schaft mit Holzwolle ausgestopft werden. Die florale Füllung besteht aus Weihnachtsklassikern, wie Christrosen, Zapfen, Äpfeln, Hagebutten, Zimt und Tannenzweigen.

Es war einmal ein Tännelein
mit braunen Kuchenherzlein
und Glitzergold und Äpflein fein
und vielen bunten Kerzlein:
Das war am Weihnachtsfest so grün,
als fing es eben an zu blühn.

Christian Morgenstern (1871-1914)

O Tannenbaum

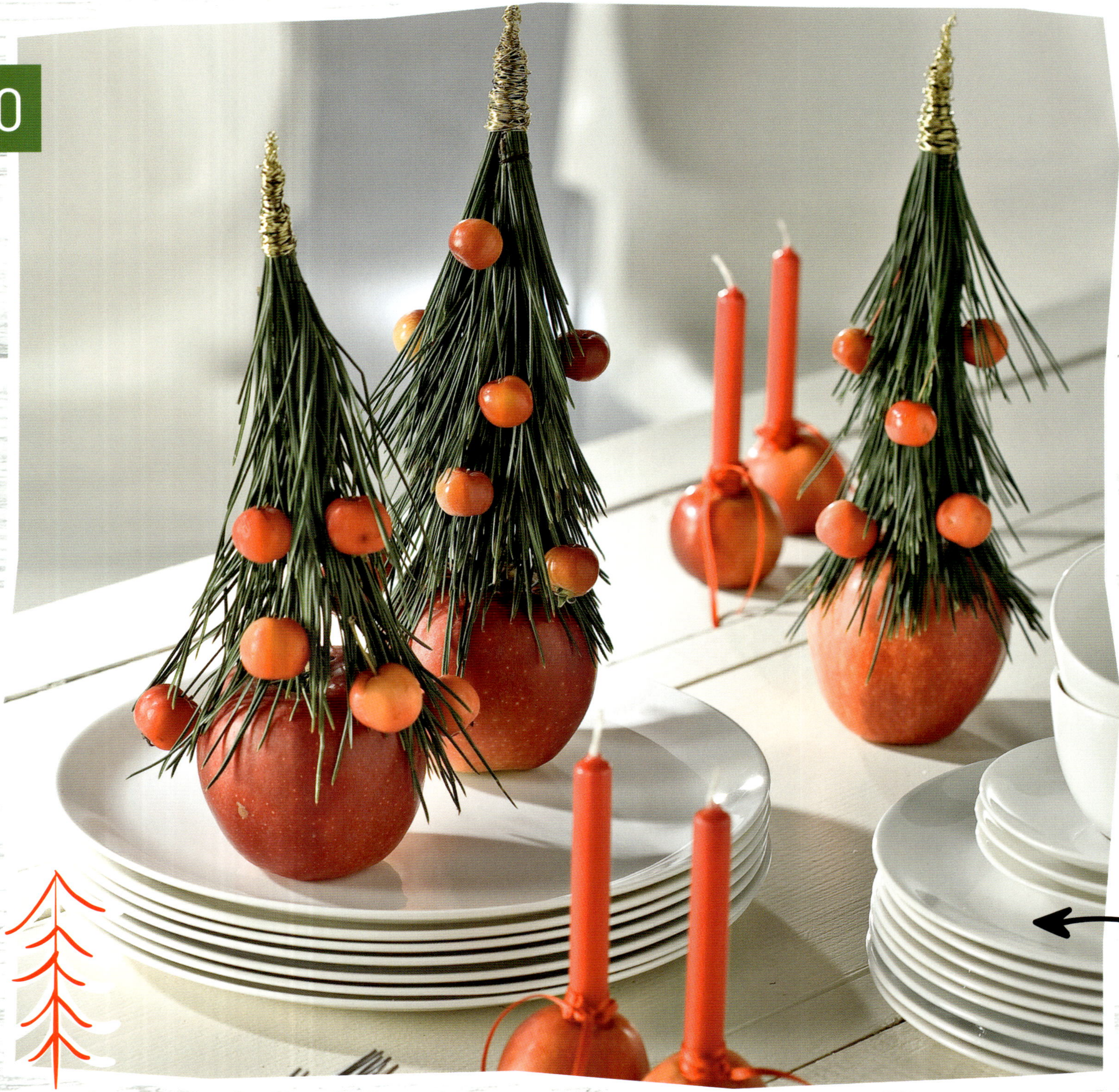

Dekoriert mit Filzsternen und buntem Draht, wird ein moos-bedeckter Steckschaumkegel im Handumdrehen zum festlichen Minibäumchen.

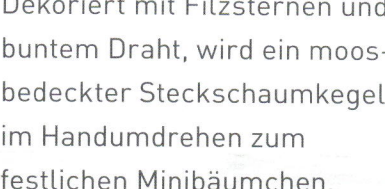

Schichtarbeit! Blatt für Blatt werden für dieses Exemplar Quadrate verschiedener Papierarten immer kleiner werdend übereinander auf einen Stab gesteckt. Ein Stern auf der Spitze darf natürlich nicht fehlen.

Ä TÄNNSCHEN, PLEASE!

Ein Apfelbaum sieht eigentlich anders aus. In der Adventszeit hat er aber ein Kleid aus Kiefernnadeln angelegt. Diese werden mit Golddraht um einen Holzspieß gewickelt und mit kleinen Zierfrüchten geschmückt.

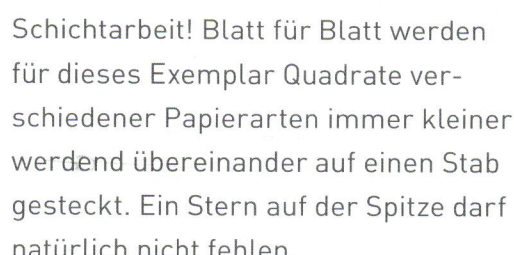

Der kleine Baum wird durch kopfüber nach und nach an einen Holzstab gedrahtete Kiefern- und Mistelzweige sowie Zapfen erstellt. Die Spitze mit Band abwickeln und einen Stern aufkleben.

Im schlichten Gefäß setzt die zapfen-umrankte Kerze das XXS-Tännchen ins rechte Licht. Für Letzteres werden Silber-Pappelblätter auf einen Holzstab geschoben. Dann Accessoires aufkleben.

Besonders luftig wirkt die Idee mit Furnierstreifen, die oben an einem Ast fixiert und mit Wintergrün, Beeren sowie Accessoires beklebt werden. Unten waagerecht in den „Stamm" gesteckter Draht hält die Streifen auf Abstand.

Werden grüne Mistelzweige, Zapfen und/oder Rinde zwischen drei pyramidal aufgestellten Holzspießen gestapelt, entsteht Schicht für Schicht die typische Kegelform. Auf der Spitze glänzt ein Lichtlein.

Raffiniert: Aus goldglänzendem Aluminiumdraht lässt sich ganz fix eine Spirale biegen, die als Gerüst für aufgeklebte Koniferen-spitzen, Anissterne, Zapfen und Glasschmuck dient.

VON DRAUSS' VOM WALDE ...

Auf den Kopf gestellt! Der Kiefernzweig wird entgegen der Wuchsrichtung auf die Baumscheibe geklebt. In Kombination mit Moos, einem Dekopilz und einem Teelicht entsteht eine schöne Miniaturlandschaft.

Natürliche Deko. Winterkahle Lärchenzweige kopfüber mit Draht auf je einen Stab wickeln. Diese in angebohrte Birkenstammstücke stecken und mit Heißkleber befestigen. Golddraht und Sterne setzen festliche Akzente.

Putziger Zauberwald. Aus Kiefernnadeln und Birken-
ästen gebunden und in rosafarbene, moosgefüllte
Töpfe gepflanzt, werden die Tannen von je einem
Dekostern gekrönt.

Hier zieht nicht nur an der Spitze ein Stern die Blicke auf sich – unterschiedlich große, auf einen Holzstab gesteckte Strohsterne bilden das ganze Bäumchen! Damit diese nicht ins Rutschen kommen, die Zwischenräume mit farbigem Draht umwickeln.

Ruckzuck ist der Mooskranz mit Wollresten umwickelt, mit Apfelscheiben, Sternen sowie Zimtstangen beklebt und über die kleine Zuckerhutfichte gestülpt. Im rosafarbenen Eimerchen ein fröhlich-kindliches Schmuckstück!

Platzanweiser gefällig? Mittels Sprühkleber lassen sich Schlagmetalloberflächen auf Steckschaumkegel aufbringen, die Ilexblätter mit Schmucknadeln zieren. Ein senkrechter Schnitt in die Spitze bildet jeweils die Kerbe als Halterung für die Namenskarten.

iDEE

Um die Glasröhrchen der in die Flaschen gestellten Christrosen herum werden kopfüber Thymian- und Wacholderzweige gebunden. So entsteht der Eindruck zweier Bäumchen. Schneewatte und Sterne machen den Look komplett.

Der kleine Wacholder scheint direkt aus dem Schneegestöber zu kommen. Mit weißen Federn geschmückt und in einem schlichten Milchkrug platziert, sorgt er auf jedem Tisch für winterliche Atmosphäre.

Für das Wäldchen en miniature Kiefernzweigspitzen umgekehrt mit farbigem Draht an kleinen Ästchen befestigen. In wassergefüllten Weihnachtskugeln bleiben die Christrosenblüten lange frisch.

Kreative Geschenkanhänger werden aus auseinandergenommenen, bemalten und entsprechend zusammengeklebten Wäscheklammern gefertigt. Zur Aufhängung je eine Bandschlaufe mit einklemmen.

BÄUMCHEN, WECHSLE DICH!

Verschieden große und asymmetrisch auf einen Steckdraht gespießte Filzkreise ergeben hier die Tannenform. Dazwischen Drahtkugeln als Abstandshalter setzen. Mit Accessoires verzieren und den Draht als Stamm mit farbigem Klebeband umwickeln.

Lichterglanz

Da gehen Tür und Tore auf,
da kommt der Kinder Jubelhauf,
aus Türen und aus Fenstern bricht
der Kerzen warmes Lebenslicht.

Ernst von Wildenbruch (1845-1909)

Umgedrehte Eierbecher aus Metall werden im Nu zu stylishen Kerzenhaltern. Aufgelegte Hagebutten und verschiedene, um die silbrigen Gefäße geknotete Bänder verleihen eine schicke Note.

Wie sein großes Gegenstück sorgt auch der kleine „Lichterbaum" für festliche Stimmung. Rote Beeren, Koniferenspitzen, Milchsternblüten und Watte werden in einen Pinienzapfen gesteckt und von einer Kerze auf einem Baumclip gekrönt.

Feierliche Inszenierung für rote Stabkerzen: Diese werden mit Zweigbündeln ummantelt, welche Koniferengrün und Bänder schmücken. Einzelne Christrosenblüten bleiben in dazwischen geklemmten Wasserröhrchen frisch.

Für helle Momente kleine Gläser mit weißem Papier und Lederband umwickeln und Moos, rote Beeren und weiße Kerzen einstellen. Steckschaum sorgt dafür, dass garantiert nichts wackelt.

Wie eine Kostbarkeit präsentiert sich die silberne Kerze auf der mit Wacholderbeeren verzierten Styroporkugel. Ein Drahtpflanzenkränzchen einfach drum herum legen.

Sternenzauber: Kränzchen aus Olivenlaub und beglitzertem Mohn umgeben die stimmungsvollen Teelichter in durchscheinenden Tüten. In Gläser stellen, damit nichts anbrennt.

Es muss nicht immer ein Windlicht sein. Für kleine Podeste angestrichene Wäscheklammern rundherum an umgedrehten, leeren Teelichtschalen befestigen.

So geht nichts daneben! Als Untersetzer für Kerzen sorgen die kreisförmig aneinander geklebten, bemalten Wäscheklammern dafür, dass der Tisch wachsfrei bleibt.

Glanzvolle Höhepunkte: Auf Sockeln aus Baum-scheiben, zwischen die Kiefernzweige, Kugeln, Zapfen, Sterne und Pilze geklebt werden, kommen Kerzengläser groß raus.

Die Miniwäldchen aus Moos und Pilzen oder Zapfen auf Baumscheiben werden durch edle Kerzengläser ins rechte Licht gesetzt. Heißkleber fixiert das Ganze.

Basis für den winterlichen Gruß am Tellerrand ist ein Baumkerzenhalter, an dem das doppellagige Namensschildchen befestigt ist. Ein Perlendraht wurde schwungvoll zum Violinschlüssel geformt.

Schlitten mal anders! Ob gebleichtes, mit grober Kordel umwickeltes Holz oder mit Silberblatt bedeckter Steckschaum – zweierlei Würfel flankieren die cremefarbene Kerze.

Orangenscheiben, lange Zimtstangen und Kiefernnadeln füllen den Zwischen-raum zweier ineinander gestellter Gläser. Auf diese Weise wird ein angenehmes Aroma verströmt.

Schneewittchen und die sieben Zwerge verbreiten märchenhaften Schein im Raum. Moos, Kristalle und Stumpen-kerze werden ins Glas gefüllt, das mit einem Glanzbild, Kiefernzweigen, Bouillondraht und Filz umwickelt ist.

Duftende Windlichter gelingen mit Sternen aus Orangenschalen, Zimt, Apfelscheiben, Sternanis und Ingwer, die, teils auf Kupferdraht gefädelt, um die Einmachgläser gewickelt werden. Wacholderbeeren geben den Kerzen sicheren Stand.

Fast zum Anbeißen wirken rote Stumpenkerzen, wenn sie in Steckschaumkugeln mit getrockneten Apfelscheiben gegeben werden. Daneben thronen Äpfel und Hagebuttenzweige auf blätterummantelten Kugeln.

Einen festlichen Rahmen erhalten Apfellichter durch in Sternform geschnittene Wachsplatten. Dazu kommen aus Draht und Koniferengrün gewickelte Kränzchen.

Augenschmaus für die Adventstafel: Die mit Schlagmetall veredelten Holzsterne werden mit Schmuckdraht befestigt und setzen die rotbackigen Äpfel in schimmerndes Licht.

Morgen kommt der Weihnachtsmann,
kommt mit seinen Gaben.
Trommel, Pfeifen und Gewehr,
Fahn' und Säbel und noch mehr,
ja ein ganzes Kriegesheer
möcht' ich gerne haben!

August Heinrich Hoffmann von Fallersleben (1798-1874)

Für
dich!

76 Last-minute-Geschenk: Weg mit dem Aufhänger, Wasser eingefüllt, Blüte rein und Schild angehängt – so wird aus der Christbaumkugel kurzerhand ein außergewöhnliches Väschen.

FROHES FEST

Richtig knuffig wirken die kleinen Weihnachtssterne, die in Wasserröhrchen stecken, welche in ganzen Wollknäueln platziert werden. Filzband hält alles zusammen.

VIELEN DANK FÜR DIE BLUMEN!

Ein Blumenstrauß kommt immer gut an – dieses Miniexemplar aus Christrosen, Bogenlilien und Mistelzweigen bekommt durch Filzstern, Zapfen, Kugeln und bunte Kordeln weihnachtliches Flair.

Natürliche Souvenirs vom Winterspaziergang: Aufgeklebte Zapfenschuppen verwandeln den mit Zieräpfeln und Holzblättern gefüllten Korb in ein individuelles Mitbringsel.

Sie sehen nicht nur originell aus, sondern verbreiten auch einen fruchtig-frischen Duft: Für die kleinen Gestecke werden Christrosen in Limetten eingearbeitet.

Blattgold gibt der mit Eichenlaub geschmückten Geschenktüte einen besonders edlen Schimmer! Wenn schon die Verpackung so wertvoll anmutet, was verbirgt sich wohl darin?

Adventskalender en miniature: Auf dem angehängten Blatt aus Ton lassen sich die Tage bis Heiligabend einfach durchstreichen. Dazu kommen vergoldete Eukalyptusglocken.

Verrät gleich, woraus
das fruchtige Kompott
besteht: Der Zweig mit
Zieräpfeln und einer
Christbaumkerze ist
schnell mit rotem Band
ans Glas gebunden.

So wird die Frucht blitzschnell zum himmlischen Begleiter! In ein besonders schönes Exemplar werden Teelichthalter und Engelsflügel aus Metall gesteckt.

Hand-made

Ein persönlicher Gruß erfreut immer! Dafür wird der Apfel ausgehöhlt und mit einem Glasröhrchen samt roter Alpenveilchen geschmückt.

Mit Kerze, Kiefernzweig samt angeklemmtem Pilz sowie Zapfen kreieren Sie ein leuchtendes Stillleben. Steckschaum gibt Halt.

Grüne Präsente. In den großen Stern ein Loch schneiden, durch das das Dickblatt gepflanzt wird. Der kleine Stern wird mit Draht fixiert.

HIMMLISCHE GRÜSSE

Zu geflügelten Give-aways werden Christrosen in solch festlichen Vasen. Füße aus entsprechend gebogenem Draht garantieren sicheren Stand. Durch die Flügel erinnern sie an Engel.

Duftende Blütenpracht!
Weiße Amaryllis stecken in
schmalen Gläsern, die in
die Glaswannen gestellt
und mit Zimtstangen
kaschiert werden. Sterne
und Koniferengrün runden
die Geschenke ab.

Kugeln
& Co.

Wie schön geschmückt der festliche Raum!
Die Lichter funkeln am Weihnachtsbaum!
O fröhliche Zeit! O seliger Traum!

Peter Cornelius (1824-1874)

idea

Für alle, die es bunt mögen:
Rund um eine Mini-Kugel, die
im Inneren an einem Faden
hängt, fächern sich aus orange-
farbenem Tonpapier ausge-
schnittene Lamellen.

Blumen am Baum? Na klar!
Aus Tonpapierstreifen und
-kreisen in leuchtenden Farben
lassen sich ganz unterschied-
liche Blüten im Handumdrehen
selber basteln.

Neuer Look: Sie haben noch Kugeln,
die Ihnen nicht mehr gefallen? Mit bunten
Papierpunkten beklebt, macht sich der
Schmuck nicht nur toll am Baum, sondern
wahlweise auch in einer Schale mit weihnachtlichen Accessoires.

Wer auf persönlichen Charme
setzt, der füllt durchsichtige
Kunststoffkugeln einfach selbst.
Von Draht über Glitzersterne bis
hin zu Zeitungsschnipseln ist
alles erlaubt!

Zwischen klassischen Glaskugeln tummeln sich originelle florale Exemplare aus Chrysanthemen-blüten in Rosa, Weiß und Rot. Als Basis dient gewässerter Steckschaum.

Dieser verspielte Baumschmuck wird nicht nur Kinder begeistern! Die verschmolzenen Bügelperlensterne kommen ohne Farbvorlage aus und entstehen nach dem Zufallsprinzip.

Schnelle Variante: Auf Pfeifenreiniger gezogen, wird aus Bügelperlen ganz unkompliziert ein Stern geformt. Zur Aufhängung lassen sich bunte Haushaltsgummibänder verwenden.

Selbst gefaltete Spitztüten aus Kaffeefiltern und Draht lassen sich ganz nach Belieben befüllen – zum Beispiel mit süßen weißen Mäusen! Dann einfach am Henkel in den Baum hängen.

Sternstunde! Durch das luftig in die Keksform drapierte silberne Engelshaar schimmern Kerzen und Lichterketten hindurch. Dünner Draht, der um den Stern gewickelt wird, gibt Halt.

Last-minute-Idee mit silbrigen Muffinförmchen: Plattgeklopft und mit je einer Aufhängung aus Garn versehen, sind sie eine besonders innovative Zier.

Sie gehören zu Weihnachten wie Äpfel und Mandelkerne: Walnüsse. Zusammen mit Kordel und Spiegelbeeren werden sie zum rustikalen Baumschmuck. Heißkleber verhindert, dass sie herausrutschen.

Überraschendes Innenleben:
Aus der selbst gebastelten Herz-
tasche aus zweierlei verwebtem
Papier quillt luftiges Engelshaar
heraus. Was sich wohl sonst
noch Spannendes darin verbirgt?

Aus Bastelkarton und Silberpapier
mit Sternen entstehen zauberhafte Baumanhänger. Die Ecken
lassen sich zu kleinen Tollen
aufdrehen,die den Schein der
Kerzen stimmungsvoll spiegeln.

Himmlische Boten: Versilberte, auseinander-
genommene Wäscheklammern werden mit etwas
farbiger Pappe und Schmuckband blitzschnell zu
dekorativen Anhängern in Engelsgestalt.

Service

1

2

5

7

9

4

3

6

8

10

1 Stützdraht

Allgemein als Stützhilfe bei Gerbera und anderen langstieligen Blumen bekannt. Wird aber auch zum Befestigen von Zapfen, Bändern und Schmuckaccessoires an Kränzen und Gestecken verwendet. In unterschiedlicher Länge und Stärke, meist mit grüner Lackierung erhältlich.

2 Spiegelbeeren

Die kleinen Schwestern der Christbaumkugeln. Die Glaskugeln sind bereits an einem Draht befestigt, werden meist im Bund angeboten und eignen sich zur Verarbeitung in Gestecken oder Sträußen.

3 Bouillondraht

In sich gedrehter, gekräuselter, sehr dünner Draht. Lässt sich beliebig auseinander ziehen und legt auf Gestecke, Kränze etc. einen feinen Gold- oder Silberglanz. Auch kupferfarben oder bunt erhältlich.

4 Kombizange

Klassisches Handwerksutensil, das die Qualitäten von Kneif- und Flachzange vereint. So lassen sich mit dieser Zange Nägel, Nadeln, Steckdraht & Co. gut halten oder aus festen Materialien ziehen. Man kann mit ihr auch dickere Drähte durchschneiden.

5 Holzsplittstäbe

Lange, dünne Holzstäbe, die ursprünglich zum Stützen von Pflanzen verwendet werden. Sind auch beim Basteln vielfältig einsetzbar, z.B. zum Aufspießen und Fixieren von Früchten.

6 Heißkleber

Klebt alles niet- und nagelfest, wo anderer Klebstoff versagt. Einzelne Patronen werden in eine Pistole eingesetzt und erhitzt. Ermöglicht schnelles Arbeiten, ersetzt oft kompliziertes Andrahten oder sogar Nadel und Faden.

7 Patenthaften

Gibt es in verschiedenen Größen, werden oft auch als Krampen bezeichnet. Eignen sich zum Befestigen von Blättern, Zweigen, Moos und Flechten auf Stroh-, Steckschaum- oder Styroporunterlagen.

8 Rebenbindedraht

Verstärkte, biegsame Papierschnur, die meistens auf der Rolle angeboten wird. Damit lassen sich viele Materialien sehr leicht und schnell fixieren. Außer in herkömmlichem Beige-Braun mittlerweile in vielen Farben erhältlich.

9 Schlagmetall

Wird eigentlich zum Vergolden oder Versilbern von Holzrahmen und -möbeln verwendet. Dazu werden eine Grundierung und Anlegeöl benötigt. Mithilfe von Sprühkleber lässt sich Schlagmetall schnell und unkompliziert auch auf viele andere Materialien, wie z.B. Ton, Metall oder Kunststoff auftragen.

10 Rosenschere

Nicht nur zum Schneiden von Rosen, sondern auch zum Zerkleinern von Gehölz geeignet. Kann auch zum Kürzen von Holzsplittstäben verwendet werden.

11 Schmuckdraht

Eignet sich zum Umwickeln von Kränzen sowie zum Befestigen filigraner Materialien und ist dabei auch noch dekorativ. Auf der Rolle und auf Spindeln in verschiedenen Farben und Stärken erhältlich.

12 Orchideenröhrchen

Kleine, wasserdichte Kunststoffröhrchen, die einzelne Blüten für einige Zeit mit Wasser versorgen. Die Röhrchen werden zuerst mit Wasser gefüllt, verschlossen und durch den Gummideckel mit Blüten bestückt. In verschiedenen Größen erhältlich.

13 Schmucknadeln

Lange Nadeln, deren Kopf meist aus einer dekorativen Perle besteht. Sie kommen dann zum Einsatz, wenn Blätter, Blüten oder Stoff sichtbar befestigt werden sollen. Lassen sich sogar in dicke Kerzen stecken.

14 Engelshaar

Hochglänzendes Drahtgespinst, so fein wie Haar. Als Baumschmuck, zum Umwickeln von Kränzen, Umspinnen von Sträußen oder Pflanzen zu verwenden.

15 Seitenschneider

Ähnlich wie mit einer Kneifzange lassen sich mit dem Seitenschneider Drähte in verschiedenen Stärken schneiden. Nicht durch eine Schere zu ersetzen.

16 Sprühkleber

Der richtige Kleber, wenn es um glatte Flächen und Feines geht. Eignet sich u. a. zum Vergolden und Versilbern mit Schlagmetall oder zum Zuckern künstlicher Früchte.

17 Steckdraht

Stabiler Draht, mit dessen Hilfe z. B. Stumpenkerzen auf Kränzen oder Steckschaum befestigt werden. In unterschiedlichen Stärken und Längen erhältlich.

18 Steckschaum

Auf Erdölbasis industriell gefertigter Schaum. Als Trocken- oder Nasssteckschaum in verschiedenen Formen erhältlich. Lässt sich mit einem Messer schneiden und bietet eine gute Basis für Gestecke jeglicher Art.

19 Wickeldraht

Wird zum Binden von Kränzen und Girlanden verwendet. Der Draht ist blau geglüht und meist grün lackiert erhältlich. Er eignet sich besonders gut zur Verarbeitung von Früchten, da die Lackierung vor schnell einsetzender Fäulnis des Obstes schützt. Wenn er besonders fein ist, wird er auch als Myrtendraht bezeichnet.

Impressum

HERAUSGEBER
BLOOM's GmbH, Ratingen

REDAKTION
Hella Henckel (vwtl.), Laura Marx

KONZEPTION UND TEXT
Laura Marx

STYLING
Klaus Wagener, Team BLOOM's

GRAFIKDESIGN
Riswane Abdurachmanov

DTP
Gordian Jenal

FOTOS
Patrick Pantze Images GmbH, Lage
Weitere Fotos: Shutterstock / Chantal de Bruijne (1, Umschlagseite);
IStockphoto / MilosStankovic (1, S.28), Melpomenem (1, S. 40),
ArtMarie (1, S. 16), Sasha_Suzi (1, S.49), tatyana_tomsickova (1, S. 62);
Fotolia / Prostock-studio (1, S. 4), olgasun (1, S. 74),
Konstantin Yuganov (1, S.4), lily (1, S. 85)

VEKTORGRAFIKEN
Freepik (7); Freepik / 0melapics (2), Natanaelginting (1), D3Images (2);
Vecteezy.com (5); Vecteezy.com / carterart (1), hollymolly (1), lavarmsg (1),
frankmib6 (1), happymeluv (1)

DRUCK
D+L Printpartner GmbH, Bocholt (D)

BLOOM'S
MEDIEN MARKETING EVENTS

© BLOOM's GmbH
Am Potekamp 6, D-40885 Ratingen
T +49 2102 9644-0, F +49 2102 896073
info@blooms.de, www.blooms.de

1. Auflage 2017
ISBN 978-3-945429-03-7

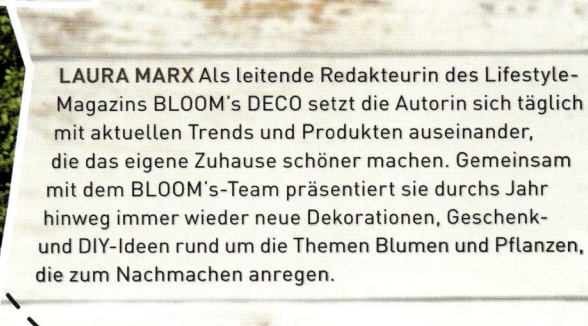

LAURA MARX Als leitende Redakteurin des Lifestyle-Magazins BLOOM's DECO setzt die Autorin sich täglich mit aktuellen Trends und Produkten auseinander, die das eigene Zuhause schöner machen. Gemeinsam mit dem BLOOM's-Team präsentiert sie durchs Jahr hinweg immer wieder neue Dekorationen, Geschenk- und DIY-Ideen rund um die Themen Blumen und Pflanzen, die zum Nachmachen anregen.

Weitere BLOOM's-Bücher

Was wäre die Vorweihnachtszeit ohne ihre süßen Verlockungen? Ohne Plätzchen, Punsch und Co? Das Buch ist eine Sammlung der besten Rezepte aus dem Magazin BLOOM's DECO, exklusiv ausgewählt und garantiert lecker! Zusätzliches Extra: Passende Dekoideen.

Karen Meier-Ebert: Süße Weihnacht, 120 Seiten, Format 22 x 27 cm, Hardcover, 16,90 Euro. ISBN 978-3-945429-59-4

Vom originellen Nikolausstiefel bis zum kreativen Fenster- und Baumschmuck bietet dieses Buch jede Menge weihnachtliche Bastelideen mit Recycling-Materialien. Genaue Anleitungen mit Step-by-step-Fotos erleichtern das Nachmachen.

Sabine Seyffert: Selbst gemachte Weihnachtsdeko, 64 Seiten, Format 25 x 28 cm, Klappenbroschur, 12,90 Euro. ISBN 978-3-945429-58-7